Le téléchargement sur Internet

Julien Mariethoz

Le téléchargement sur Internet

Étude de la pratique du téléchargement légal et illégal sur Internet

Éditions universitaires européennes

Mentions légales / Imprint (applicable pour l'Allemagne seulement / only for Germany)
Information bibliographique publiée par la Deutsche Nationalbibliothek: La Deutsche Nationalbibliothek inscrit cette publication à la Deutsche Nationalbibliografie; des données bibliographiques détaillées sont disponibles sur internet à l'adresse http://dnb.d-nb.de.
Toutes marques et noms de produits mentionnés dans ce livre demeurent sous la protection des marques, des marques déposées et des brevets, et sont des marques ou des marques déposées de leurs détenteurs respectifs. L'utilisation des marques, noms de produits, noms communs, noms commerciaux, descriptions de produits, etc, même sans qu'ils soient mentionnés de façon particulière dans ce livre ne signifie en aucune façon que ces noms peuvent être utilisés sans restriction à l'égard de la législation pour la protection des marques et des marques déposées et pourraient donc être utilisés par quiconque.

Photo de la couverture: www.ingimage.com

Editeur: Éditions universitaires européennes est une marque déposée de
Südwestdeutscher Verlag für Hochschulschriften GmbH & Co. KG
Heinrich-Böcking-Str. 6-8, 66121 Sarrebruck, Allemagne
Téléphone +49 681 37 20 271-1, Fax +49 681 37 20 271-0
Email: info@editions-ue.com

Produit en Allemagne:
Schaltungsdienst Lange o.H.G., Berlin
Books on Demand GmbH, Norderstedt
Reha GmbH, Saarbrücken
Amazon Distribution GmbH, Leipzig
ISBN: 978-613-1-50434-1

Imprint (only for USA, GB)
Bibliographic information published by the Deutsche Nationalbibliothek: The Deutsche Nationalbibliothek lists this publication in the Deutsche Nationalbibliografie; detailed bibliographic data are available in the Internet at http://dnb.d-nb.de.
Any brand names and product names mentioned in this book are subject to trademark, brand or patent protection and are trademarks or registered trademarks of their respective holders. The use of brand names, product names, common names, trade names, product descriptions etc. even without a particular marking in this works is in no way to be construed to mean that such names may be regarded as unrestricted in respect of trademark and brand protection legislation and could thus be used by anyone.

Cover image: www.ingimage.com

Publisher: Éditions universitaires européennes is an imprint of the publishing house
Südwestdeutscher Verlag für Hochschulschriften GmbH & Co. KG
Heinrich-Böcking-Str. 6-8, 66121 Saarbrücken, Germany
Phone +49 681 3720-310, Fax +49 681 3720-3109
Email: info@editions-ue.com

Printed in the U.S.A.
Printed in the U.K. by (see last page)
ISBN: 978-613-1-50434-1

Bit après bit, tout ce qui peut-être numérisé sera numérisé, rendant la propriété intellectuelle toujours plus facile à copier et toujours plus difficile à vendre plus cher qu'un prix nominal. Et nous devrons trouver les modèles économiques et les modèles d'affaires qui prennent cette réalité en compte.

Paul Robin Krugman, lauréat du Prix Nobel d'économie 2008

i

ii

Table des matières

Chapitre 1

Introduction

La démocratisation de l'accès Internet et la numérisation de l'information rendent les ressources numériques accessibles à une très large population à l'échelle mondiale, principalement dans les pays industrialisés.

Alors que la notion de propriété intellectuelle est sensée protéger les oeuvres, Internet offre une possibilité de diffusion à très grande échelle. Bien que le téléchargement de ces oeuvres puisse se faire dans la légalité, il est bien plus fréquent qu'il se fasse dans la facilité, ne respectant pas les législations en vigueur souvent encore incomplète.

Malgré la mise en place de moyens destinés à utiliser Internet comme vecteur de distribution, les magasins en ligne par exemple, l'internaute se retrouve rapidement sujet à pouvoir bénéficier des mêmes produits commerciaux gratuitement et devient alors un pirate.

On observe chez la plupart des internautes, un manque de connaissance et des croyances infondées, spécifiques à ce sujet, même si tous ont conscience que leur acte risque de leur porter préjudice.

Les dommages annoncés par les maisons d'éditions et de productions sont colossaux et représentent des chiffres de l'ordre de 100 millions de francs pour la Suisse, et de 3 milliards de dollars pour l'industrie du film américain.

La problématique du droit d'auteur et sa mise en application pour les sociétés de l'ère numérique s'avèrent relativement difficile à réaliser. Il existe bien des traités internationaux qui doivent réguler la propriété intellectuelle, mais les réglementations sont réduites à l'échelle nationale et donc se retrouvent complètement dépendantes de leur gouvernement.

Chapitre 2

Internet

2.1 Définition

Internet est le réseau informatique mondial qui rend accessibles au public des
services variés comme le courrier électronique, la messagerie instantanée et le World
Wide Web (WWW), en utilisant le protocole de communication Internet Protocol
(IP). Son architecture technique qui repose sur une hiérarchie de réseaux lui vaut
le surnom de *réseau des réseaux*.

Internet a été popularisé depuis l'apparition du web (WWW), et les deux sont
parfois confondus par le public non averti. Le web n'est pourtant que l'une des
nombreuses applications d'Internet.

2.2 Histoire

Les débuts d'Internet remontent aux années 1960 aux USA. Ses origines sont
fondées sur la volonté de regroupement de plusieurs réseaux de communication
dont le principal est l'Advanced Research Projects Agency Network (ARPANET),
un projet de communication initié par le Defense Advanced Research Projects
Agency (DARPA). Ce projet militaire servit de banc d'essai à de nouvelles technologies de gestion de réseau, liant plusieurs universités et centres de recherches à
travers le pays.

L'ARPANET est le premier réseau à mettre en œuvre le concept de transfert de paquets (packet switching), qui deviendra la base du transfert de données sur Internet. Il rencontra un tel succès qu'il s'ouvrit au trafic commercial au début des années 1990.

Le début des années 1990 marque, en fait, la naissance d'Internet tel que nous le connaissons aujourd'hui : le web, un ensemble de pages codées en HyperText Markup Language (HTML) mélangeant du texte, des liens, des images, adressables via une adresse de type Uniform Resource Locator (URL) et accessibles via le protocole HyperText Transfer Protocol (HTTP). Ces standards, développés par l'Organisation Européenne pour la Recherche Nucléaire (Genève-Suisse) (CERN), particulièrement par Tim Berners-Lee devinrent rapidement populaires grâce au développement au National Center for Supercomputing Applications (Illinois-USA) (NCSA) du premier navigateur multimédia Mosaic publié en 1993.

2.3   Technique

Bien que le web représente la majeure partie d'Internet, il existe de très nombreux protocoles de communication servant à accéder aux différentes ressources disponibles sur Internet. Voici un aperçu des protocoles et des services les plus courants :

- HTTP over SSL (HTTPS) et HTTP pour la navigation web, sécurisé ou non
- Post Office Protocol (POP) et Internet Message Access Protocol (IMAP) pour recevoir les courriers électroniques, Simple Mail Transfer Protocol (SMTP) pour les envoyer
- File Transfer Protocol (FTP) pour le transfert de fichier
- Voice-over-Internet Protocol (VoIP) pour aa téléphonie par Internet

2.4   Contexte actuel

Depuis l'ouverture d'Internet au public, la proportion de population possédant un accès Internet n'a cessé d'augmenter[1] comme le montre la table 2.1 (page 5).

TABLE 2.1 – Évolution de l'utilisation d'Internet entre 2000 et 2009.

Régions du monde	Population[a]	Internautes (2000)[b]	Internautes (2009)[c]	Pénétration[d]	Croissance[e]	Distribution[f]
Afrique	991'002'342	4'514'400	86'217'900	8.7%	1809.8%	4.8%
Asie	3'808'070'503	114'304'000	764'435'900	20.1%	568.8%	42.4%
Europe	803'850'858	105'096'093	425'773'571	53.0%	305.1%	23.6%
Moyen Orient	202'687'005	3'284'800	58'309'546	28.8%	1675.1%	3.2%
Amérique du Nord	340'831'831	108'096'800	259'561'000	76.2%	140.1%	14.4%
Amérique latine	586'662'468	18'068'919	186'922'050	31.9%	934.5%	10.4%
Océanie/ Australie	34'700'201	7'620'480	21'110'490	60.8%	177.0%	1.2%
Total Mondial	6'767'805'208	360'985'492	1'802'330'457	26.6%	399.3%	100.0%

[a] Estimation de la population en 2009
[b] Nombre d'internautes au 31 décembre 2000
[c] Nombre d'internautes au 31 décembre 2009
[d] Taux de pénétration (% Population)
[e] Croissance de 2000 à 2009
[f] Distribution des internautes par région

Le site web *worthview*[2] décrit la situation de quelques services Internet de manière statistique en 2009. Voici quelques valeurs représentatives :

– 234 millions de sites web dont 47 millions nouveaux en 2009
– 1.8 milliard d'internautes
– 126 millions de blogs
– 350 millions de profils Facebook
– 1 milliard de vidéos montrées chaque jour sur YouTube
– 247 milliards d'emails envoyés par Internet chaque jour
– 200 milliards de spams envoyés par Internet chaque jour

---

1. http://www.internetworldstats.com/stats.htm
2. http://www.worthview.com/internet-world-2009

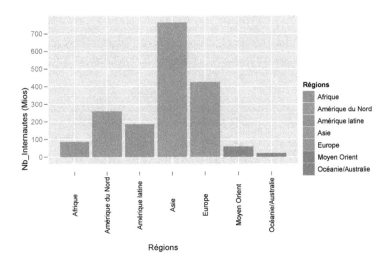

FIGURE 2.1 – Distribution des internautes par région du monde

Source : http://www.internetworldstats.com/stats.htm

2.5 Principe de navigation web

Le principe navigation web est relativement simple. Il est nécessaire d'avoir un ordinateur avec un navigateur web installé et un accès Internet. Le contenu des pages web qui s'affichent sur l'écran est composé de texte, de fichiers image ou son, mis en page par des balises HTML.

L'ensemble du contenu provient du serveur, l'ordinateur sur lequel est hébergée la page web. L'ensemble du contenu de la page est chargé localement sur le client, l'ordinateur où se fait la navigation et interpréter par le navigateur pour s'afficher à l'écran.

Chapitre 3

Propriété intellectuelle et Internet

Internet peut être perçu comme une immense médiathèque mondiale immatérielle et très jeune, puisque son accessibilité au publique n'est possible que depuis moins de 20 ans. Chacun peut y contribuer en y mettant à disposition ses propres ressources, mais aussi acquérir les ressources partagées par les autres.

Bien qu'il n'existe pas, ou pas encore de droit spécifique à Internet, l'utilisation du réseau et de ses ressources reste réglementée sous la forme d'une application du droit commun au réseau Internet, avec de possibles aménagements de certaines législations nationales afin de prendre en compte ses particularités.

L'application du droit sur Internet est rendue difficile pour deux raisons principales :
- le réseau Internet est international, alors que le droit est généralement national.
- sous le couvert du réseau Internet, il est souvent difficile d'identifier les utilisateurs, et donc les responsables d'infractions.

Internet pose le problème du respect des droits relatives à la propriété intellectuelle (droit d'auteur, droit des marques, etc.), au droit de la presse et des publications (infractions de presse, injure, diffamation, incitation à la haine raciale, etc.), au droit à l'image, mais aussi depuis le développement du web commercial, au droit de la publicité notamment.

3.1 Notion de propriété intellectuelle

La propriété intellectuelle est définie selon l'Organisation Mondiale de la Propriété Intellectuelle (OMPI) de la manière suivante :

La propriété intellectuelle est une notion s'appliquant aux créations de l'esprit. Elle se divise en deux catégories :

1. La propriété industrielle, qui comprend les inventions, les marques, les dessins et modèles industriels et les indications géographiques.

2. Le droit d'auteur et les droits connexes, qui portent sur les expressions littéraires et artistiques (livres, films, musique, architecture, art) ainsi que sur les droits des artistes interprètes ou exécutants sur leurs interprétations ou exécutions, des producteurs de phonogrammes sur leurs enregistrements et des radiodiffuseurs sur leurs programmes radiophoniques ou télévisuels.

Les droits de propriété intellectuelle permettent aux créateurs - ou aux propriétaires de brevets, de marques ou d'œuvres protégées par le droit d'auteur - de tirer profit de leur travail ou de leur investissement. Ces droits peuvent varier selon le type d'expression, ils peuvent être nuancé et ne pas être applicables de la même manière, qu'il s'agisse d'architecture, de littérature ou de cinématographie.

3.1.1 OMPI

L'Organisation Mondiale de la Propriété Intellectuelle (OMPI) basée à Genève et fondée en 1967 est une institution spécialisée des Nations Unies. Sa mission consiste à «élaborer un système international équilibré et accessible de propriété intellectuelle qui récompense la créativité, stimule l'innovation et contribue au développement économique tout en préservant l'intérêt général» [1].

3.1.2 Les premiers traités sur la propriété intellectuelle

La Convention de Paris pour la protection de la propriété industrielle, de 1883, a été le premier instrument international majeur conçu pour aider les habitants

---

1. Selon l'OMPI : `http://www.wipo.int/about-wipo/fr/what_is_wipo.html`

d'un pays donné à obtenir que leurs créations intellectuelles soient protégées dans d'autres pays par des titres de propriété industrielle.

C'est en 1886, que le droit d'auteur est arrivé sur la scène internationale avec la Convention de Berne pour la protection des œuvres littéraires et artistiques. L'objet de cette convention était d'aider les ressortissants des états parties à obtenir la protection internationale de leur droit d'exercer un contrôle sur l'utilisation de leurs œuvres littéraires et artistiques et de percevoir une rémunération à cet égard.

3.1.3 Les traités concernant les droits d'auteur et droits connexes

- Convention de Berne pour la protection des œuvres littéraires et artistiques (1886)
- Convention de Rome pour la protection des artistes interprètes ou exécutants, des producteurs de phonogrammes et des organismes de radiodiffusion (1961)
- Convention pour la protection des producteurs de phonogrammes contre la reproduction non autorisée de leurs phonogrammes (Convention de Genève) (1971)
- Convention de Bruxelles concernant la distribution de signaux porteurs de programmes transmis par satellite (1974)
- Traité de l'OMPI sur le droit d'auteur (WCT) (1996)
- Traité de l'OMPI sur les interprétations et exécutions et les phonogrammes (WPPT) (1996)
- Traité sur l'enregistrement international des œuvres audiovisuelles (Traité sur le registre des films) (1989)

3.1.4 Convention de Berne

La Convention de Berne pour la protection des œuvres littéraires et artistiques, est un traité diplomatique qui établit les fondements de la protection internationale des œuvres. Elle permet notamment à un auteur étranger de se prévaloir des droits en vigueur dans le pays où ont lieu les représentations de son œuvre.

Ce traité, signé en 1886 à Berne, possède 164 pays signataires en 2009.

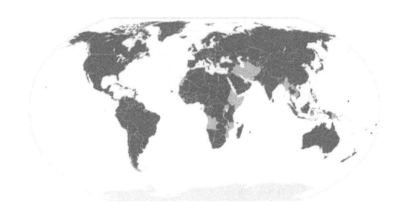

FIGURE 3.1 – Pays signataires du traité de Berne

Source : http://commons.wikimedia.org/wiki/File:Berne_Convention_signatories.
svg

La Convention a été révisée en 1971 pour le cinéma et en 1991 pour les logiciels informatiques. Il a fallu attendre 1996 pour que les accords internationaux abordent la question de la protection des contenus dans l'univers numérique.

La convention repose sur trois principes fondamentaux :

1. Les œuvres dont l'auteur est ressortissant d'un des pays d'un des états de l'union, doivent bénéficier dans chacun des autres états contractants de la même protection que celle que cet Etat accorde aux œuvres de ses propres nationaux (principe du « traitement national »).

2. Cette protection ne doit être subordonnée à l'accomplissement d'aucune formalité (principe de la « protection automatique »).

3. Cette protection est indépendante de l'existence de la protection dans le pays d'origine de l'œuvre (principe de l'« indépendance » de la protection).

3.2 Systèmes juridiques

Les traités internationaux tels que la Convention de Berne annoncent une volonté des pays membres à appliquer les textes de la Convention, mais seule une législation à l'échelle nationale peut être appliquée, ce qui implique que les états eux-mêmes décident de l'application des principes de la convention selon leur propre système juridique.

On peut distinguer plusieurs systèmes juridiques au niveau mondial dont :
- La « common law » ou régime de droit commun
- Le droit civil
- Le droit coutumier
- Le droit religieux
- Les systèmes mixtes

Les principaux sont la « common law » et le droit civil qui couvrent à eux deux environ 90% de la population mondiale.

3.2.1 Common law

La «common law» est essentiellement basé sur le droit anglais non écrit qui s'est développé depuis le XIIe siècle. Dans ce système, c'est la jurisprudence qui est la première source du droit. Il en vigueur au Royaume-Uni (sauf en Écosse), en Irlande, au Canada (sauf au Québec), aux États-Unis (sauf en Louisiane, et Porto Rico) et de façon générale dans les pays du Commonwealth. Il concerne environ 30% de la population mondiale.

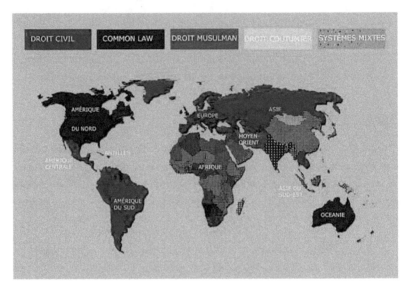

FIGURE 3.2 – Systèmes juridiques

Source : http://www.juriglobe.ca/images/fra/rep-geo/mondesm.jpg

3.2.2   Droit civil

Le droit civil est inspiré par le droit romain. La première source du droit est la loi. Le code civil est à la base de toutes les autres lois, qui complètent ses articles ou y font exception. Ces codes sont essentiellement caractérisés par un haut niveau d'abstraction, qui permet aux juges d'interpréter et d'analyser toutes les situations concrètes, soit en appliquant la loi, soit en comblant ses lacunes par extrapolation. Cependant il existe des pays où le droit civil n'est que peu ou pas codifié.

Ce système juridique est appliqué dans une très grande majorité des pays européens dont la Suisse et la France. Plus de 60% de la population mondiale est influencée par cette tradition.

3.3 Propriété intellectuelle et systèmes juridiques

La protection pour la propriété intellectuelle se décline en deux variantes appartenant à chacune des deux principaux systèmes juridiques annoncés précédemment.

Le copyright est appliqué dans les pays où la « common law » est en vigueur. Dans les pays ou le régime de droit civil, la protection littéraire et artistique est assurée par le droit d'auteur.

Le copyright et le droit d'auteur sont des concepts équivalent qui différent dans leur application. Mais depuis l'adoption de la Convention de Berne, ils sont en partie harmonisés.

De manière abusive, les termes anglais « copyright » et français « droit d'auteur » sont souvent utilisés comme traduction réciproque, bien qu'il existe des différences entre ces notions juridiques.

De même, © qui est le symbole servant à designer la protection des objets soumis au copyright et souvent utilisé pour des objets protégés par droit d'auteur.

3.3.1 Droit d'auteur

Le droit d'auteur est l'ensemble des prérogatives exclusives dont dispose un auteur sur ses œuvres de l'esprit originales :

- le droit moral qui reconnaît à l'auteur la paternité de l'œuvre et assure le respect de l'intégrité de l'œuvre
- les droits patrimoniaux qui confèrent un monopole d'exploitation économique sur des œuvres, pour une durée variable au terme de laquelle les œuvres entrent dans le domaine public.

Le droit d'auteur est en application dans les pays de droit civil. Juridiquement, le droit d'auteur est à la fois un droit de la personnalité pour l'aspect moral et un droit de propriété pour l'aspect patrimonial.

Le droit moral est composé de divers droits que possède l'auteur d'une œuvre. Il comprend :

- Droit de divulgation : l'auteur a le droit de décider quand et comment l'œuvre est communiquée au public.
- Droit de paternité : tout utilisateur doit mentionner le nom et la qualité de l'auteur de l'œuvre.
- Droit au respect de l'intégrité de l'œuvre : l'auteur peut s'opposer à toute modification de son œuvre.
- Droit de retrait : l'auteur peut retirer du circuit commercial une œuvre déjà publiée en contrepartie de l'indemnisation de son ayant droit.

Droits patrimoniaux : l'auteur possède le droit d'autorisation ou d'interdiction toute utilisation de son œuvre, pour une durée limitée seulement, au terme de laquelle l'œuvre entre dans le domaine public.

Le droit moral est caractérisé de la manière suivante :

- Inaliénable
- Transmissible aux héritiers à la mort de l'auteur (selon les pays)
- Pas susceptible de possession

3.3.2   Exceptions au droit d'auteur

Il existe de nombreuses exceptions, mais elles restent spécifiques à chaque loi. Globalement, on peut tout de même observer certaines exceptions courantes :

- L'exception de copie privée, qui permet la reproduction pour un usage privé d'une œuvre. Une redevance est perçue sur les supports vierges.
- La représentation d'une œuvre dans le cercle de la famille et des amis proches.
- L'exception pédagogique, qui permet à un enseignant de reproduire et représenter des extraits d'œuvres au profit de ses élèves.
- La reproduction et la représentation d'analyses et de courtes citations dans un but d'illustration ou de critique d'œuvres publiées.
- La reproduction ou la représentation d'une œuvre pour en faire une parodie ou une caricature.

– La reproduction d'œuvre en vue de la constitution d'archives par les bibliothèques accessibles au public, les établissements d'enseignement ou les musées.

Ces exceptions ne sont possibles que dans le cas où il n'intervient aucun avantage commercial ou économique.

3.3.3 Droits voisins

On parle de droits voisins dans le cadre de la propriété intellectuelle pour les droits relatifs à l'interprétation d'une œuvre existante. Sans être l'auteur d'une œuvre, les artistes interprètes jouissent également d'un droit moral :

– sur leur nom : le nom de l'artiste doit être associé à son interprétation
– sur d'éventuelles modifications : on ne peut pas modifier l'interprétation sans son autorisation (si la modification dénature l'interprétation)

Dans ce cas, le droit moral est inaliénable et imprescriptible : il ne peut être cédé et n'est pas limité dans le temps. Il est transmis aux héritiers.

Cette loi est la transposition au niveau national de la convention de Rome de 1961.

3.3.4 Copyright

Le copyright est une forme de propriété intellectuelle en vigueur dans les pays où s'applique la « common law ». Comme pour le droit d'auteur, le copyright se décompose en droit moral et droits patrimoniaux.

Droit moral :

– Droit de paternité
– Droit au respect de l'œuvre

Droits patrimoniaux :

- Droit sur la reproduction de l'œuvre
- Droit sur la création d'œuvres dérivées de l'œuvre originale
- Droit de distribution de copie de l'œuvre au public, sous quelque forme que ce soit
- Droit de représentation publique de l'œuvre avec quelque procédé que ce soit

Pour le copyright, le droit moral possède les caractéristiques suivantes :

- Limité dans le temps, pour une durée variable selon les pays
- Transmissible aux héritiers à la mort de l'auteur
- L'auteur peut y renoncer

3.3.5 Exceptions au copyright

Le concept de *fair use* aux États-Unis et de *fair dealing* (cf. section 5.4.4, page 46) pour les autres pays où la common law s'applique forment les exceptions au copyright. Ces exceptions sont plus larges que celles qui sont appliquées dans les pays de droit civil. Si les exceptions au droit d'auteur sont énumérées dans la loi, le *fair use* donne aux tribunaux le pouvoir d'apprécier au cas par cas si l'usage d'une œuvre est loyal. Cette appréciation se fait en fonction du caractère commercial ou désintéressé de l'usage, de la nature de l'œuvre, de l'ampleur de la reproduction effectuée, et de ses conséquences sur la valeur de l'œuvre.

3.3.6 Comparaison entre copyright et droits d'auteur

Il existe différence fondamentale entre le droit d'auteur et le copyright. Dans le cas du copyright, ce n'est pas l'auteur proprement dit, mais l'ayant droit, très souvent le producteur, qui détermine les modalités de l'utilisation d'une œuvre.

Pour simplifier, le droit d'auteur protège avant tout le créateur alors que le copyright concernerait avant tout l'investisseur. L'un a vocation à protéger le preneur de risque financier, l'autre celui qui prend le risque de créer, même si de plus en plus, la situation économique et les diverses conventions internationales tendent à rapprocher les deux législations.

3.4 Protection d'œuvre

3.4.1 Copyright/droit d'auteur

Comme il a été décrit précédemment, le droit d'auteur et le copyright protègent l'auteur et son œuvre en rendant l'œuvre propriétaire. Cette protection garantit ainsi à son auteur ou a son producteur le droit à une rémunération pour l'utilisation de l'œuvre.

FIGURE 3.3 – Logo du Copyright

Source : http://commons.wikimedia.org/wiki/File:Copyright.svg

3.4.2 Copyleft

Le copyleft indique que quiconque redistribue une œuvre, avec ou sans modifications, doit aussi transmettre la liberté de les copier et de la modifier. Le copyleft garantit cette liberté pour tous les utilisateurs.

Le logiciel sous copyleft (traduit en français par « gauche d'auteur ») est un logiciel libre, dont les conditions de distribution assurent que toutes les copies de toutes les versions sont des logiciels libres. Cela signifie par exemple, que les licences de copyleft ne permettent pas à d'autres d'ajouter des conditions supplémentaires au logiciel et nécessitent que le code source soit disponible. Ceci protège le programme et ses versions modifiées de quelques uns des moyens courants de rendre le logiciel propriétaire.

FIGURE 3.4 – Logo du Copyleft

Source : http://commons.wikimedia.org/wiki/File:Copyleft.svg

3.4.3   Domaine public

Le domaine public regroupe les biens intellectuels qui ne sont pas ou plus protégés, au terme d'un certain délai, par les diverses lois liées au droit de la propriété intellectuelle.

FIGURE 3.5 – Logo du Domaine public

Source : http://commons.wikimedia.org/wiki/File:PD-icon.svg

3.5   Cas du logiciel

3.5.1   Licence

Une licence de logiciel est un contrat « par lequel le titulaire des droits du logiciel autorise un tiers à poser des gestes qui autrement les enfreindraient.».

Pour avoir le droit d'utiliser un logiciel, il faut que le titulaire des droits l'autorise. La licence est le document dans lequel il énumère les droits qu'il accorde au licencié (installer le logiciel, l'utiliser, faire une copie de sauvegarde). Utiliser sans licence un logiciel dont on n'est pas l'auteur revient à violer le droit d'auteur.

Souvent, le titulaire des droits ne se contente pas de vendre la licence, il ajoute également des exigences comme l'interdiction d'utiliser le logiciel à plusieurs, d'étudier le logiciel, de publier des mesures de ses performances, etc. Pour le grand public, l'achat d'un logiciel revient en fait à acheter une licence, puis à accepter le Contrat de Licence Utilisateur Final (CLUF).

3.5.2 Contrat de licence utilisateur final

Le terme CLUF est une traduction du terme anglais End User License Agreement (EULA).

Il s'agit d'un contrat liant une personne installant un logiciel affecté par ce type de licence sur un ordinateur et l'éditeur du logiciel. La plupart d'entre elles sont des licences de logiciels propriétaires, limitent le nombre de machines sur lesquelles on peut installer le logiciel, le nombre d'utilisateurs qui peuvent utiliser le logiciel, et contiennent d'autres limitations qui ne sont pas inhérentes à la technologie.

3.5.3 Types de licence

3.5.3.1 Logiciel libre

Il existe de nombreux types de licence dite « libre ». Pour le public la confusion reste parfois entre l'aspect libre de droit ou libre de coût, mais fait l'expression « logiciel libre », fait bien référence à la liberté et non pas au prix.

Cette expression « logiciel libre » a été donnée par Richard M. Stallman, et fait référence à la liberté pour tous (utilisateurs ou développeurs) d'exécuter, de copier, de distribuer, d'étudier, de modifier et d'améliorer un logiciel. Plus précisément,

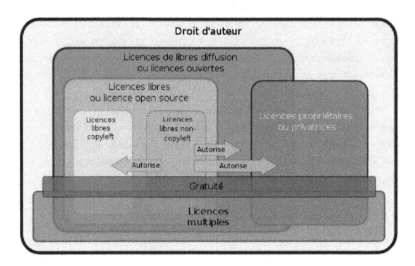

FIGURE 3.6 – Schéma de classification des Licencess

Source : http://commons.wikimedia.org/wiki/File:Classification_des_licences.svg

elle fait référence à quatre libertés [2] pour un individu ayant acquis une version du logiciel, définies par la licence de ce logiciel :

1. La liberté d'exécuter le programme, pour tous les usages.

2. La liberté d'étudier le fonctionnement du programme, et de l'adapter à ses besoins.

3. La liberté de redistribuer des copies.

4. La liberté d'améliorer le programme et de publier ses améliorations, pour en faire profiter toute la communauté.

3.5.3.2 Opensource

Selon l'Open Source Initiative (OSI), "Open source" ne signifie pas uniquement avoir accès au code source d'une application logicielle. Les conditions de distribu-

---

2. La numérotation des libertés respecte la définition donnée sur le site web http://www.gnu.org.

tion de logiciel open source doivent également respecter les 10 critères suivants :

1. Liberté de redistribution : la licence ne doit restreindre aucune partie de vendre ou distribuer gratuitement le logiciel. La licence ne doit prétendre à aucun bénéfice sur la vente.

2. Code source : le programme doit inclure le code source et doit permettre la distribution sous forme de programme compilé autant que de code source.

3. Travaux dérivés : la licence doit permettre les modifications et la distribution sous les mêmes conditions que la licence du logiciel original.

4. Intégrité du code source de l'auteur : La licence doit permettre explicitement la distribution du logiciel modifié. Elle peut exiger que des travaux dérivés portent un nom et un numéro de version différent du logiciel original.

5. Pas de discrimination contre les personnes et groupes de personnes.

6. Pas de discrimination contre les champs d'application du logiciel.

7. Distribution de la licence : les droits attachés au programme s'appliquent à tous ceux à qui le programme est distribués.

8. La licence ne doit pas être spécifique à un produit : les droits attachés au programme ne doivent pas dépendre de la version de la distribution

9. La licence ne doit pas poser de restrictions à d'autres logiciels qui feraient partie d'une même distribution.

10. La licence doit être technologiquement neutre.

3.5.3.3   GNU

La licence GNU Public License (GPL) est la licence de plus de la moitié de l'ensemble des logiciels libres actuellement distribué selon le site web GNU [3].

Dans l'idéologie de GNU, la documentation pour les logiciels libres devrait être de la documentation libre, de façon à ce que les gens puissent la redistribuer et l'améliorer avec le logiciel qu'elle décrit. Pour rendre une documentation libre, elle doit être diffusée sous les termes d'une licence de documentation libre.

---

3. http://www.gnu.org

3.5.3.4   Free Software Foundation

« La Free Software Foundation (FSF) est une association à but non lucratif dont la mission consiste à promouvoir la liberté des utilisateurs de l'outil informatique et à défendre les droits de tous les utilisateurs de logiciels libres dans le monde» [4].

Cette association crée par Richard Stallman (initiateur du projet GNU) en 1985, a pour but de supporter le mouvement du logiciel libre, basé sur l'idéologie du copyleft.

3.5.3.5   CreativeCommon

Les licences Creative Commons [5] ont été créées en partant du principe que la propriété intellectuelle était fondamentalement différente de la propriété physique, et du constat selon lequel les lois actuelles sur le copyright étaient un frein à la diffusion de la culture.

FIGURE 3.7 – Logo Creative Commons

Source : http://commons.wikimedia.org/wiki/File:CC-logo.svg

Leur but est de fournir un outil juridique qui garantit à la fois la protection des droits de l'auteur d'une œuvre artistique et la libre circulation du contenu culturel de cette œuvre, ceci afin de permettre aux auteurs de contribuer à un patrimoine d'œuvres accessibles dans le « domaine public » (notion prise au sens large).

Le système se base sur 4 paramètres binaires (voir table 3.1, page 24) permettant de varier les licences en fonction des auteurs et des œuvres.

Certain de ces paramètres sont contradictoires ou non compatibles, donc toutes les combinaisons ne sont pas possibles. Il reste 6 différentes licences listées dans le tableau 3.2 de la page 25.

Les contenus placés sous certaines des licences peuvent être considérés comme des contenus libres.

3.5.3.6 Licence propriétaire

La notion de licence propriétaire ou licence privatrice désigne toute licence qui n'est pas une licence libre. L'apparition de cette distinction est donc liée à l'histoire de la culture libre.

Une licence est dit privatrice ou propriétaire si les conditions d'utilisation qu'elle définie entrave une des possibilités définissant les licences libres, à savoir utiliser, étudier, modifier, dupliquer ou diffuser l'œuvre sur laquelle porte la licence.

Le commerce des œuvres utilisant ce type de licence repose généralement sur la cession restreinte de droits d'utilisation, selon un CLUF établi par le vendeur.

---

4. http://www.fsf.org
5. http://creativecommons.org

Code	Nom officiel	Nom français	Description	Symbole
[by]	Attribution	Paternité	L'œuvre peut être librement utilisée, à la condition de l'attribuer à l'auteur en citant son nom.	
[nc]	Noncommercial	Pas d'utilisation commerciale	Le titulaire de droits peut autoriser tous les types d'utilisation.	
[nd]	NoDerivs	Pas de travaux dérivés	Le titulaire de droits peut continuer à réserver la faculté de réaliser des œuvres de type dérivées ou au contraire autoriser à l'avance les modifications, traductions.	
[sa]	ShareAlike	Partage des conditions initiales à l'identique	Le titulaire des droits peut autoriser à l'avance les modifications. Peut se superposer l'obligation ([sa]) pour les œuvres dites dérivées d'être proposées au public avec les mêmes libertés (sous les mêmes options Creative Commons) que l'œuvre originale.	

TABLE 3.1 – Liste des paramètres Creative Commons.

Code	Symbole	Licence Creative Commons
CC-by		Paternité
CC-by-sa		Paternité Partage des conditions initiales à l'identique
CC-by-nd		Paternité Pas de modification
CC-by-nc		Paternité Pas d'utilisation commerciale
CC-by-nc-sa		Paternité Pas d'utilisation commerciale Partage des conditions initiales à l'identique
CC-by-nc-nd		Paternité Pas d'utilisation commerciale Pas de modification

TABLE 3.2 – Les licences Creative Commons, leur code et leur symbole.

Chapitre 4

Moyens et techniques de téléchargement

4.1 DRM

La gestion des droits relative au support numérique, Digital Rights Management (DRM) en anglais, est un ensemble de technologies qui permettent au propriétaire des droits de contraindre les utilisateurs à respecter l'usage de l'œuvre et de sa propriété intellectuelle.

Les détenteurs des droits sont généralement des sociétés comme des maisons d'éditions de livres, de film, de musique ou de logiciels. Ils utilisent les DRM pour s'assurer de la bonne utilisation de leurs produits. Dans la plupart des cas, les DRM servent à empêcher la copie.

Le principe de fonctionnement des DRM est composé de 2 parties. Une première sert à encrypter le contenu du fichier, et l'autre sert à authentifier l'utilisateur de manière à déverrouiller le fichier lorsque l'accès est autorisé. Par exemple, des fichiers musicaux partagés sur Internet ne devraient pas être utilisables pour ceux qui n'ont pas payé pour leur utilisation.

Les internautes ayant l'habitude d'acheter leur musique ou leurs films sur Internet connaissent les DRM et leur pratique. De nombreux magasins de musique en ligne comme iTunes d'Apple ou Napster de Roxio, ou la plupart des services de vidéo à la demande, Video On Demand (VOD) en anglais, utilisent ce genre de systèmes.

4.2   Moyens de téléchargement

Avec la numérisation systématique des œuvres, qu'elles soient musicale, cinématographique, littéraire, logicielle ou autre, ainsi que le partage de fichiers sur Internet, il est devenu possible d'acquérir pratiquement n'importe quelle œuvre plus ou moins récente à partir d'un ordinateur possédant une connexion à Internet. Il est important de préciser, qu'actuellement la plupart des téléphones cellulaires possèdent ces fonctionnalités. L'acquisition des fichiers est rendue facile grâce au web, soit de manière légale par l'achat dans un magasin web (webstore), soit par différentes plateformes d'échange ou de téléchargement qui sortent souvent du cadre légal.

4.2.1   Achats dans un webstore

L'achat dans un webstore de logiciel ou de fichiers multimédia permet à l'utilisateur de s'assurer de ce qu'il télécharge. Dans la mesure où un magasin propose un produit, l'acheteur bénéficie d'une forme de garantie sur le produit acheté. Cependant, ce procédé peut rencontrer certains inconvénients.

Tout d'abord, le web shopping engendre des coûts à celui qui achète, puisque il est logique de payé des produits achetés. Il peut s'avérer délicat de favoriser l'achat, même si c'est parfaitement justifié, lorsque d'autres moyens d'acquérir les mêmes ressources le font gratuitement.

De plus, les transactions nécessitent presque toujours une carte de crédit. L'ensemble de la population des acheteurs potentiels ne possède pas forcément de carte de crédit. Par exemple, toute personne n'ayant pas encore atteint l'âge de la majorité se retrouve alors dans une position où la transaction est impossible, sans l'accord d'une tierce personne qui est en mesure de fournir le moyen de paiement.

Les problèmes liés au DRM ne favorisent pas non plus l'achat. Lorsque le fichier est acquis, il doit encore être décrypté, à l'aide d'une authentification. Il arrive aussi que certains supports tels que CD ou DVD soient verrouillé pour ne pas être lu par un ordinateur, mais uniquement par une platine assurant la lecture seule et non la copie. Il est également possible que le fichier soit lisible sur un nombre limité de machines différentes, ne permettant pas une pleine utilisation pour l'acheteur.

4.2.2   Peer to peer

La méthode de téléchargement la plus utilisée est sans doute le Peer-to-Peer (P2P) (ou pair à pair en français). C'est un modèle de réseau informatique se basant sur l'architecture client-serveur, où chaque client devient aussi un serveur. La disponibilité des ressources augmente donc considérablement.

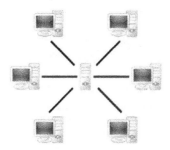

FIGURE 4.1 – Architecture client-server

Source : http://commons.wikimedia.org/wiki/File:Server-based-network.svg

L'application la plus répandue du P2P est le partage de fichiers. L'avènement des connexions à Internet à haut débit (ADSL notamment) sans limite de temps

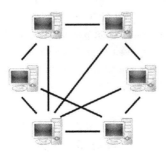

FIGURE 4.2 – Architecture P2P

Source : http://commons.wikimedia.org/wiki/File:P2P-network.svg

a contribué à cet essor.

Ce type d'architecture permet de décentraliser les systèmes, en comparaison au réseau reposant sur quelques serveurs centraux du type client-serveur classique. Le partage des ressources devient alors beaucoup plus facile. Les nœuds de cette architecture sont à la fois client pour le téléchargement en acquisition de ressources (download), serveur pour le téléchargement en partageant leurs ressources (upload).

Non seulement des ressources de type fichier peuvent être échangé entre les différent nœuds, mais les ressource physiques de chaque nœuds peut aussi être utilisé pour du calcul distribué dans le cadre scientifique par exemple sur les projets Chord[1], Cx[2] qui permet de transformer un PC en ressources globales de calcul ou OceanStore[3] pour le stockage massif de données.

---

1. http://www.pdos.lcs.mit.edu/chord
2. http://www.cs.ucsb.edu/projects/cx
3. http://oceanstore.cs.berkeley.edu

La communication entre les nœuds (considéré comme pair) du réseau ne peut se faire que par des logiciels particuliers utilisant des protocoles qui leur sont propre, comme eDonkey utilisé par les applications eDonkey et eMule ou FastTrack utilisé par KaZaA ou encore BitTorrent par Azureus. Il existe une multitude d'applications utilisant les réseaux et protocoles associés, dont les principaux sont listés de manière non exhaustive dans le tableau suivant :

Réseau P2P	Applications associées
BitTorrent	ABC / Azureus / BitComet / BitTornado / BT++ / Deluge / eXeem / KTorrent / Miro / mlDonkey / Opera / PTC / qBittorrent / Shareaza / TorrentStorm / Transmission / μTorrent / WinMobile Torrent / Xtorrent
Gnutella	Limewire /Frostwire / Shareaza / Acquisition / BearShare / Cabos / Gnucleus / mlDonkey / Morpheus / mlmac / Poisoned / PeerCast / Phex / Swapper / XoloX / Mutella / IMesh
Napster	OpenNap / mlmac / Poisoned / lopster
FastTrack	Kazaa / Grokster arrêté par la MPAA et la RIAA / iMesh / gIFT / mlmac / Poisoned
eDonkey2000	eDonkey2000 (regroupement eDonkey2000 - Overnet) / mlDonkey / eMule / xMule / aMule / Shareaza / lMule / lphant
MP2P	Piolet / Blubster / RockItNet
Freenet	Frost - Le logiciel qui permet d'utiliser les forums de Freenet / Fuqid / Freemail
GNUnet	GNUnet projet de la Free Software Foundation.
Direct Connect	Direct Connect / DC++ / Zion++ / BlackDC / oDC / rmDC / DC Pro
Ares Galaxy	Ares (Galaxy ou Lite) / FileCroc

TABLE 4.1 – Réseaux et applications P2P.

L'échange de fichier par cette méthode permet de trouver quasi n'importe quelle ressource désirée. Cependant, le potentiel manque de rapidité reste un inconvénient majeur. Il peut être nécessaire de garder une connexion pendant plusieurs jours pour obtenir un fichier de l'ordre d'une centaine de méga octet (Mo).

4.2.2.1 Le cas Napster

Napster est un des premiers logiciels P2P grand public. C'est principalement lui qui a permis l'essor du P2P. C'était à l'origine un service P2P destiné à l'échange de fichiers musicaux créé par Shaw Fanning, un étudiant de la Northeastern University de Boston. Il permettait aux utilisateurs d'échanger des fichiers mp3. L'industrie musicale a lancé des poursuites judiciaires pour violation du droit d'auteur et après 2 ans d'activité, en 2001, ce service a dû être interrompu par décision judiciaire. Depuis, Napster a été repris par la société Roxio pour devenir un magasin de musique en ligne.

4.2.2.2 Décentralisation

On peut constater que l'évolution des technologies P2P tend vers une architecture toujours plus décentralisée. Plusieurs paramètres entre en compte dans le principe de décentralisation :
- Ressources
- Recherche de ressources
- Recherche de pairs
- Multi-source

Si on part d'une architecture client-serveur classique, tous ces paramètres sont centralisés sur un seul serveur avec une acquisition de la ressource depuis une source unique. Avec l'évolution du P2P, on arrive à une situation où tous ces paramètres sont décentralisés et la ressource peut être acquise depuis plusieurs sources simultanément.

4.2.2.3 Le P2P anonyme

Le P2P anonyme est une version particulière du système P2P. La principale différence entre un réseau anonyme et un réseau non anonyme intervient dans les méthodes de routage particulières, où chaque nœud est anonyme relativement à ses voisins, permettant une libre circulation des informations.

4.2.2.4 Le F2F

Le réseau de type F2F (friend-to-friend ou ami à ami en français) est une variante du P2P anonyme. Les utilisateurs ne peuvent avoir des connexions directes qu'avec des personnes de confiance, leurs amis. Ces amis sont généralement reconnu par une signature numérique.

4.2.2.5 Le P2P privé

Les réseaux de type P2P privé sont des réseaux qui permettent seulement à quelques ordinateurs se faisant mutuellement confiance de partager des dossiers. À la différence des réseaux F2F, les réseaux privés de P2P permettent à n'importe quel membre de se relier directement à tout autre, et ne peuvent donc pas se développer sans compromettre l'anonymat de leurs utilisateurs.

4.2.3 News group

Usenet [4] est un système de newsgroup inventé 1979 et basé sur le protocole Network News Transfer Protocol (NNTP) dont le but est la lecture et la publication d'article sur Internet par le moyen de logiciel spécifique.

Initialement Usenet était prévu distribuer du texte brut encodé sur 7 bits en ASCII. Mais à l'aide de programmes qui codent des données 8 bits comme des suites de caractères ASCII 7 bits, il est devenu possible de transférer par Usenet des fichiers binaires quelconques permettant l'utilisation de news group comme plateforme de transfert de fichiers.

---

4. http://www.usenet.com

4.2.4   Direct download

Le téléchargement direct ou direct download en anglais s'appuie sur l'utilisation d'espace de stockage en ligne comme RapidShare[5] ou MegaUpload[6]. Avec le paiement d'un abonnement, ce type de service permet d'accéder à un nombre de ressources immense, tout en bénéficiant de vitesse de téléchargement élevée, très nettement supérieur au P2P.

Avec le téléchargement direct, les utilisateurs peuvent acquérir des ressources par download, ou en mettre à disposition par upload, mais ne sont pas en situation de partage de fichiers comme c'est le cas avec le P2P. Les utilisateurs cherchant à échanger des fichiers protégés par droit d'auteur viennent vers ce genre de procédés de manière à être moins exposé aux poursuites judiciaires.

4.2.5   Streaming

La technique de streaming diffère des autres techniques de téléchargement citée précédemment. Cette méthode est utilisée surtout pour l'envoi de contenu en *direct*. L'utilisateur n'as pas besoin de faire un téléchargement du fichier complet pour pouvoir l'utiliser. Le flux de données est chargé directement dans la mémoire (RAM) de l'ordinateur et envoyées au lecteur multimédia pour affichage, sans être enregistrer sur le disque dur. Le streaming est utilisé pour l'audio et la vidéo. C'est le principe utilisé pour la VOD, YouTube[7] ou DailyMotion[8].

Malgré l'aspect de lecture seule de la technique de streaming, il existe de nombreux logiciel dont le but est de capturer les données de flux pour les écrire dans un fichier. Par exemple, le logiciel StationRipper[9], permet de lire les données d'une radio diffusée sur Internet, et d'enregistré en continu le contenu diffusé, tout en découpant en fichier mp3 chacune de chansons à l'aide des tags mp3 également

---

5. http://rapidshare.com
6. http://www.megaupload.com
7. http://www.youtube.com
8. http://www.dailymotion.com
9. http://www.stationripper.com

diffusés. En utilisant ce type de logiciel, il devient possible de constituer des bibliothèques audio ou vidéo de taille impressionnante en relativement peu de temps.

4.2.6 Remarques

Avec le renforcement des lois et les condamnations de plus en plus fréquentes, l'utilisation du P2P semble en diminution, au profit du téléchargement direct ou du streaming. Ces dernières techniques présentent l'avantage de ne pas mettre l'utilisateur en situation de partage et donc moins exposé aux poursuites pour violation de propriété intellectuelle.

4.3 Technique de dissimulation IP

L'identifiant sur Internet est l'adresse IP. Chaque ordinateur connecté possède une adresse et communique avec le reste d'Internet grâce à cette adresse. C'est aussi l'adresse IP qui est utilisée pour poursuivre l'utilisateur qui télécharge à l'encontre de la loi.

Pour l'utilisateur, qu'il soit prudent ou malveillant, le meilleure moyen de réduire le risque d'être poursuivi est de cacher l'adresse IP qui lui est attribuée par le fournisseur d'accès Internet. On trouve une multitude de technique pour dissimuler son IP dont quelques exemples sont présentés ci-dessous.

4.3.1 TOR

Le projet TOR[10] (The Onion Router) est un projet de routage en oignon développer initialement par l'US Navy, dans le de protéger les communications gouvernementales. TOR est un logiciel libre et un réseau ouvert dont le but est de se défendre contre la surveillance de réseau et l'analyse de trafic. Cette application fonctionne avec la plupart des navigateurs web, messagerie instantanée et autres logiciels basés sur le protocole TCP.

---

10. http://www.torproject.org

Tor est présenté comme un réseau de tunnels virtuels. Les utilisateurs de Tor peuvent définir leur machine comme relais. Au lieu d'emprunter un itinéraire direct entre la source et la destination, les paquets de données suivent une trajectoire aléatoire à travers plusieurs relais, ce qui rend la traçabilité difficile.

4.3.2   Proxy

Un serveur proxy sert de relais entre un client et un serveur. L'internaute qui accède à certaine ressources par un proxy aura, vu de l'extérieur, une adresse IP qui est celle du proxy et non celle attribuée par le fournisseur d'accès Internet

Il existe de nombreux proxy accessible à l'étranger, dans des pays où le risque de poursuites pour violation du droit d'auteur n'existe pas. De manière à rendre cette technique accessible à tous, certains développeurs proposent des plugins pour le navigateur web Firefox de Mozilla qui facilitent encore la gestion de connexion aux proxys. De plus, l'"utilisation de certains serveurs proxys spécifiques comme Squid [11] ou Privoxy [12] (contraction de Privacy et Proxy), installé localement, est souvent couplée à TOR pour en diminuer la traçabilité.

4.3.3   VPN

Le Virtual Private Network (VPN) (réseau privé virtuel en français) est une solution qui permet de communiquer à travers Internet sans que les données, ni que les adresses des machines impliquées dans la transmission de données soient disponible en claire.

Cette solution consiste à utiliser Internet comme support de transmission en utilisant un protocole d'encapsulation (en anglais tunneling), c'est-à-dire encapsulant les données à transmettre de façon chiffrée.

Ce réseau est dit *virtuel* car il relie deux réseaux locaux par une liaison Internet, et *privé* car seuls les ordinateurs des réseaux locaux de part et d'autre du VPN

---

11. http://www.squid-cache.org
12. http://www.privoxy.org

peuvent déchiffrer les données.

On trouve maintenant sur le marché plusieurs services basés sur la technologie VPN. La célèbre plateforme de téléchargement de fichier torrent *The pirate bay* propose IPREDATOR dont le nom fait référence à IPRED, la version suédoise de HADOPI (cf. section 5.3.2, page 43), ou IPODAH[13] considéré comme le IPREDATOR[14] français.

4.3.4 WI-FI

Le Wi-Fi est un technologie de réseau sans fil Wireless Local Area Network (WLAN) basé sur le standard IEEE 802.11. L'aspect pratique de la connexion sans fil et l'installation par défaut d'interface réseau WLAN dans les ordinateurs portable, font que l'utilisation de la connexion non câblée est disponible quasi partout.

La disponibilité d'accès à un réseau sans fil est excessivement simple. Les point d'accès public sont très répandu et les réseaux de particulier ouvert et non sécurisé ne sont pas rare non plus. Même pour les non spécialistes, il est possible de se connecter facilement sans compromettre son anonymat. Pour les utilisateurs plus expérimentés, il n'est pas difficile non plus d'exploiter les réseaux sans fils, qui ne sont pas réputés pour leur sécurisation. On trouve sur Internet des outils logiciels qui sont destinés à cracker les clés WEP ou WPA, sensées sécuriser les WLAN. La seule ressource nécessaire est le temps qu'il faut au logiciel pour trouver la combinaison.

4.3.5 Remarques

L'essentiel pour accéder à un réseau ou une ressource sur Internet, c'est d'avoir déjà une connexion Internet. Dès lors, toutes les informations nécessaires, tutoriels, logiciels et autre outils sont disponibles. Même le profane du téléchargement peut

---

13. http://ipodah.net
14. https://www.ipredator.se

trouver la connaissance suffisante et ainsi devenir rapidement un pirate averti, à
condition de savoir trier les sources d'information fiable.

Chapitre 5

Situations en Suisse et ailleurs

Chaque pays possède sa propre législation en matière de protection de la propriété intellectuelle. Il est intéressant de constater les différences d'application de la convention de Berne et autres traités de l'OMPI entre la Suisse et d'autres états comme la France et les États-Unis.

Le problème de législation spécifique au droit d'auteur dans la société de l'information est relativement récent. Au niveau national, une réglementation se met en place plus ou moins rapidement en fonction des pays.

Concernant le principe de téléchargement, les 3 cas distincts que sont le téléchargement depuis un serveur, le téléchargement vers un serveur, et le partage restent les 3 situations à réguler, quel que soit le pays.

5.1 ACTA

Les 3 nations citée précédemment sont toutes membre de la Anti Counterfeiting Trade Agreement (ACTA), un accord international de lutte contre la contrefaçon et le piratage.

L'ACTA est une proposition de traité international multilatéral concernant les droits de propriété intellectuelle, la lutte contre les produits contrefaisants et les échanges illicites de fichiers sans autorisation des ayants-droit. La liste des états

membres comporte la plupart des pays industrialisés dont les pays de l'Union
européenne, la Suisse, les États-Unis, le Canada, l'Australie, les Émirats Arabes
Unis, le Japon ou la Corée du Sud.

Ce traité est négocié relativement secrètement par les représentants des gou-
vernements des pays membres. Il s'articule autour de 3 mesures principales :
  – une coopération internationale
  – un cadre légal commun
  – un renforcement des pratiques actuelles

S'il est adopté, le traité établirait une coalition internationale destinée à s'opposer aux violations du droit d'auteur, imposant une application stricte des lois
sur le droit de la propriété intellectuelle dans différents pays. L'entente permet-
trait aux douaniers de fouiller des téléphones cellulaires, des lecteurs MP3 ou des
ordinateurs portables à la recherche de produits qui violent le droit d'auteur. Il
imposerait aussi de nouvelles obligations de coopérer chez les fournisseurs d'accès
à Internet (FAI), incluant la divulgation d'informations touchant leurs clients tout
en restreignant l'usage d'outils informatiques protégeant leur vie privée.

5.2   Situation en Suisse

5.2.1   Droit suisse

En Suisse, les droits d'auteurs sont réglés par la loi fédérale sur le droit d'auteur
et les droits voisins (LDA) du 9 octobre 1992 et par les articles 380 à 393 du Code
des obligations sur le contrat d'édition.

L'autorité compétente en matière de propriété intellectuelle est l'Institut Fédéral
de la Propriété Intellectuelle. Cet organisme fondé en 1888, a obtenu le statut
d'établissement de droit public en 1996 et possède son siège à Berne. Il est chargé de
préparer les textes législatifs, de conseiller le Conseil fédéral et les autres autorités
fédérales et de représenter la Suisse sur le plan international.

5.2.2 Associations pour les droits d'auteur

En Suisse, il existe plusieurs sociétés s'occupant de faire valoir les droits des auteurs :

- SUISA pour les auteurs et éditeurs d'œuvres musicales non théâtrales.
- SSA pour les œuvres dramatiques, dramatico-musicales, chorégraphiques, audiovisuelles et multimédia.
- PROLITTERIS pour les œuvres littéraires et les arts plastiques.
- SUISSIMAGE pour les producteurs et auteurs d'œuvres audiovisuelles.
- SWISSPERFORM pour les droits voisins des artistes-interprètes, producteurs et diffuseurs.

Ces sociétés réunissent des auteurs de nationalité suisse ou résidant en Suisse et leurs ayants droit. Elles sont actives pour :

- Servir d'intermédiaire entre les auteurs et les utilisateurs. Elles ont pour tâche de gérer les droits que leurs membres leur ont cédés et d'agir dans l'intérêt des auteurs.
- Percevoir les droits qui découlent de l'utilisation des œuvres de leur répertoire auprès des utilisateurs et reversent ces indemnités aux ayants droit concernés.
- Intervenir dans tous les secteurs de l'économie où les statuts et contrats de membres leur permettent d'agir, notamment dans les domaines tels que les spectacles vivants, la radio et la télévision, le câble et le satellite, les cassettes, disques et autres supports, etc.

5.2.3 SAFE

La Swiss Anti-Piracy-Federation (SAFE), fondée en 1988, est un organisme d'autodéfense de l'industrie audiovisuelle dont le but est de lutter contre le piratage dans le domaine du droit d'auteur. Elle recense les violations de la loi fédérale sur le droit d'auteur et les droits voisins et communique ses observations aux ayants droit et aux autorités de poursuite pénale.

SAFE fait partie d'un réseau international d'organisations anti-piratage affiliées à la Motion Picture Association of America (MPAA)[1].

5.2.4   IFPI

L'International Federation of the Phonographic Industry (IFPI) est la Fédération internationale des producteurs de phonogrammes et vidéogrammes. Elle se compose d'une instance internationale et d'instances nationales.

L'IFPI Internationale dont le siège est à Zurich participe au niveau international à l'élaboration et au développement de conventions internationales. Elle est un organe consultatif auprès de l'UNESCO, de l'OMPI, auprès des autorités de l'Union Européenne (UE) et du Conseil de l'Europe. Elle s'attache en particulier à lutter de manière organisée contre le piratage international des phonogrammes et des vidéogrammes. Elle travaille avec des organisations d'interprètes (FIM) et avec Interpol. L'IFPI comprend 46 groupes nationaux ainsi qu'une organisation affiliée, la Recording Industry Association of America (RIAA).

L'IFPI Suisse est une instance nationale de l'IFPI. Elle représente les intérêts des producteurs dans tous les domaines des droits d'auteur et des droits voisins, de la lutte contre les abus (en particulier le piratage des phonogrammes, le bootlegging, la contrefaçon, les post-productions présentées de manière illicite, etc.), qui travaille en collaboration avec les instances législatives ainsi qu'avec les milieux aux intérêts similaires et qui est reconnue comme organe consultatif concernant la législation nationale en la matière. L'IFPI Suisse fait partie des membres fondateurs de SWISSPERFORM, la Société suisse de gestion des droits voisins.

5.2.5   Condamnations en Suisse

Il y a peu, la Suisse était encore considérée comme le paradis des adeptes du téléchargement illégal. Au début de cette année 2010, une jeune fille de 18 ans, habitant dans le canton du Tessin, a été condamnée à 30 jours amende avec deux

---

1. http://www.mpaa.org

ans de sursis, ceci après une plainte de l'IFPI et une poursuite du Ministère public tessinois.

Accusée d'avoir partagé 270 films et 4'200 fichiers de musique, la personne poursuivie n'a pas fait appel contre la décision du tribunal. Au moment de la rédaction de ce rapport, il aurait été intéressant de pouvoir accéder au jugement, mais le texte n'est pas encore publié, ni même disponible.

Le téléchargement en Suisse n'est pas légal, contrairement à beaucoup de fausses idées, mais il n'est pas poursuivi, alors que le partage illégal de fichiers l'est.

5.3 Situation en France

5.3.1 Loi DADVSI

En France, la loi sur le Droit d'auteurs et droits voisins dans la société de l'information (DADVSI) est une loi issue de la transposition en droit français de la directive européenne 2001/29/CE correspondante à la mise en œuvre au niveau de l'Union européenne des traités de l'OMPI.

Ce texte, publié le 3 août 2006, prévoit des amendes d'un montant de 300'000 euros ainsi que 3 ans de prison pour toute personne éditant un logiciel destiné à la mise à disposition du public non autorisée d'œuvres ou d'objets protégés, et jusqu'à 6 mois de prison et 30'000 euros d'amende pour toute personne diffusant ou facilitant la diffusion d'un logiciel permettant de casser les DRM.

5.3.2 Loi HADOPI

La loi de la Haute Autorité pour la Diffusion des Oeuvres et la Protection des droits sur Internet (HADOPI) est aussi appelée *loi Création et Internet*. Cette loi a fortement été inspirée par le *rapport Olivennes*, un rapport sur la protection des œuvres culturelles, de Denis Olivennes au ministère français de la Culture, intitulé *Le développement et la protection des œuvres culturelles sur les nouveaux réseaux*[2].

Cette loi française formellement appelée *loi n°2009-669 du 12 juin 2009* est sensée favoriser la diffusion et la protection de la création sur internet. Le projet initial de cette loi avait pour but de :

- créer une autorité publique indépendante, la Haute autorité pour la diffusion des œuvres et la protection des droits sur internet.
- instaurer une sanction administrative punissant spécifiquement le défaut de surveillance de son accès Internet contre l'utilisation de celui-ci par un tiers pour la diffusion d'une œuvre auprès du public sans l'accord ses ayants droit (obligation créée par la loi DADVSI, mais alors non assortie de sanctions).
- mettre en œuvre ces sanctions selon la méthode de la *réponse graduée* : un email d'avertissement en guise de premier rappel à la loi, puis un courrier d'avertissement par lettre recommandée, et la coupure de la connexion Internet en dernier ressort.
- faire de cette autorité un intermédiaire entre l'ayant droit, chargé de fournir les adresses IP des abonnés suspectés d'avoir manqué à l'obligation de surveillance et le FAI (Fournisseur d'Accès à Internet), chargé d'identifier les abonnés et de procéder in fine à la coupure de leur accès Internet.

Avant son entrée en vigueur le 12 juin 2009, le Conseil constitutionnel à censure certaines mesures clés du projet dont celle de la coupure de l'accès internet, exception faite si elle est prononcée par un tribunal judiciaire.

5.3.3 Loi LOPPSI

La Loi d'Orientation et de Programmation pour la Performance de la Sécurité Intérieure (LOPPSI) est un projet de loi français préparé par le ministre de l'Intérieur, qui concerne la gestion de la police et de la gendarmerie pour la période 2009-2013.

---

2. Rapport Olivennes sur la protection des œuvres culturelles - Ministère de la culture – http://www.culture.gouv.fr/culture/actualites/conferen/albanel /rapportolivennes231107.pdf

Cette loi intervient sur divers aspects de la sécurité intérieure comme la sécurité routière, l'informatique et Internet, l'intelligence économique et le renseignement et les préfets délégués à la sécurité. Spécifiquement sur l'informatique et Internet, les principales mesures sont :

- l'usurpation d'identité ou l'atteinte à la réputation de quelqu'un seront punis
- une obligation de filtrage des adresses IP désignées par arrêté du ministre de l'intérieur
- une liste noire des sites, non rendue publique, sera établie par l'administration, les FAI seront quant à eux tenus de bloquer l'accès à ces sites
- la police, sur autorisation du juge des libertés, pourrait utiliser tout moyen (physiquement ou à distance) pour s'introduire dans des ordinateurs et en extraire des données dans diverses affaires, allant de crimes graves (pédophilie, meurtre, etc.) au trafic d'armes, de stupéfiants, au blanchiment d'argent, mais aussi au délit *d'aide à l'entrée, à la circulation et au séjour irréguliers d'un étranger en France commis en bande organisée*, sans le consentement des propriétaires des ordinateurs.

5.3.4 Exception au droit d'auteur

La copie privée est une exception au droit d'auteur français. L'exception de copie privée autorise une personne à reproduire une œuvre de l'esprit pour son usage privé. L'usage privé implique l'utilisation de la ou des copies dans le cercle privé, notion incluant la famille et les amis.

5.3.5 Condamnations en France

En France, les premières condamnations concernant le téléchargement remontent à 2004. La nouvelle a entre autre été reportée sur le site web *numerama*[3]. Les six internautes français ont été condamnés à des peines d'un à trois mois de prison avec sursis et à verser de 2000 à 5800 € aux parties civiles pour avoir téléchargé et échangé des films sur internet. Depuis les condamnations pour échange de fichiers par plateforme P2P ne sont pas rares.

---

3. http://www.numerama.com/magazine
/1216-premiere-condamnation-pour-telechargement-en-france.html

5.3.6 Remarques

On peut observer dans les textes de loi et dans l'application qui en est faite en France, qu'un régime répressif est mis en place pour intervenir auprès des contrevenants à la législation sur le droit d'auteur.

5.4 Situation aux USA

5.4.1 Internet Privacy Act

L'*Internet Privacy Act* est une loi fictive et non existante. Elle a été, soit disant approuvée par le président Bill Clinton en 1995. On la retrouve sur beaucoup de page d'accueil de site web dont les pratiques seraient souvent condamnables. Le principe est de mettre en garde celui qui veut entrer sur le site web qu'il n'en a pas le droit, s'il fait partie de certains groupes, par exemple le gouvernement, la police ou autre. Si malgré la mise en garde celui qui pénètre contrevient au condition et à un article du code au risque de devoir abandonner toutes poursuite judiciaires contre les responsables du site web.

5.4.2 Visual Artists Rights Act

Le *Visual Artists Rights Act* est une loi américaine introduite en 1990, dont le but est de protégé le droit des artistes. C'est la première loi fédérale sur le droit d'auteur qui couvre le droit moral d'un auteur sur une œuvre. Ce texte de loi est la réponse du Congrès aux exigences du traité de Berne. Il ne s'applique qu'aux œuvres d'art visuel dans un cadre très restreint.

5.4.3 Copyright

Le copyright est traité dans la section 3.3.4 page 15.

5.4.4 Fair use

Le principe du *fair use* aux États-Unis ou du *fair dealing* dans les autres pays de common law a déjà été expliqué précédemment dans la section 3.3.5 page 16.

5.4.5 Condamnations aux USA

Selon la Télévision Suisse Romande, en juin 2009 aux Etats-Unis, une femme de 32 ans a été condamnée à payer 1.92 million de dollars d'amende pour avoir mis à disposition illégalement 24 chansons sur internet, avec le logiciel de partage de fichiers Kazaa. Elle avait dans un premier temps été condamnée à 220'000 $ d'amende en 2007. L'amende correspond à 80'000 $ par fichier musical à répartir entre les géants du disque : Capital Records, Sony BMG Music, Arista Records, Interscope Records, Warner Bros Records et UMG Recordings.

D'après la même source et aux Etats-Unis encore, la RIAA (Recording Industry Association of America), qui représente l'industrie du disque américaine, et les grandes maisons de disques ont déjà poursuivi environ 35'000 personnes pour piratage depuis 2003. La plupart d'entre elles ont accepté de payer entre 3'000 et 5'000 $.

5.5 Condamnations

Le site web du journal le Monde[4] rapporte le 21 avril 2009 que les quatre responsables du site de téléchargement de fichiers torrent *The Pirate Bay* ont été condamné à 1 an de prison ferme et une amende de 2,7 millions d'euros par un tribunal de Stockholm, sur plainte de IFPI. Depuis 2009 le parlement suédois a accepté un texte de loi pour durcir la législation contre le téléchargement de contenus protégés sur Internet. Cette loi est la transposition de la directive européenne sur le renforcement des droits de propriété intellectuelle (IPRED), comme HADOPI en France. The Pirate Bay a très rapidement proposé un service permettant de contrer les effets cette nouvelle loi : IPREDator.

Peu après le cas suédois, une plainte contre le site téléchargement de fichiers torrent *Mininova*, basé aux Pays-Bas, a été initiée en 2008 par la Brein, la principale association néerlandaise de défense des droits d'auteur. En août 2009, le tribunal d'Utrecht a demandé de retirer, dans un délai de trois mois, les liens pointant

---

4. http://www.lemonde.fr

vers des contenus protégés par le droit d'auteur. Si le service ne respecte pas cette injonction, il risque une amende pouvant atteindre les 5 millions d'euros.

Chapitre 6

Étude pratique

Le but de ce travail étant de voir les pratiques de chacun concernant le téléchargement légal ou non, un questionnaire en ligne a été préparé sur les connaissances théoriques acquises dans la première phase de ce travail. Le questionnaire était disponible durant pratiquement 2 semaines, du 12/04/2010 (22 :39) au 25/04/2010 (22 :40), sur le site web http://www.kwiksurveys.com. Un total de 1076 résultats a été obtenu, parmi lesquels 932 ont été complétées. Les questions dont la réponse était obligatoire sont mentionnées par une astérisque (*).

6.1 Questionnaire et réponses

Le questionnaire était organisé en 6 pages, dont les questions étaient réparties de la manière suivante :

1. Questions 1 à 5 : Données personnelles sur le participant.

2. Questions 6 à 12 : Matériel informatique et droit d'accès.

3. Questions 13 à 16 : Consommation Internet.

4. Questions 17 à 21 : Téléchargement, techniques et motivations.

5. Questions 22 à 24 : Réglementations et droit d'auteur.

6. Questions 25 à 27 : Prix et commentaires.

* 1. Vous êtes ?

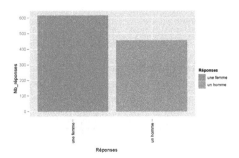

une femme	616	57,4%
un homme	457	42,6%
Total	1073	

* 2. Votre groupe d'âge ?

Moins de 18 ans	7	0,7%
18-25 ans	776	72,3%
26-35 ans	250	23,3%
36-45 ans	29	2,7%
46-55 ans	9	0,8%
plus de 55 ans	2	0,2%
Total	1073	

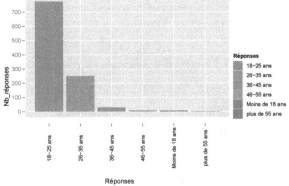

* 3. Votre situation professionnelle ?

Étudiant	901	84,4%
Employé	107	10%
Indépendant	5	0,5%
Sans emploi	12	1,1%
Retraité	0	0%
Étudiant en emploi	43	4%
Autre	0	0%
Total	1068	

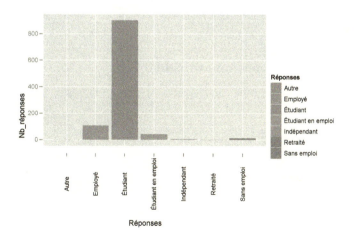

* 4. Vous vivez en ?

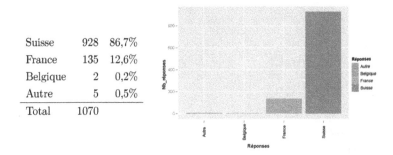

Suisse	928	86,7%
France	135	12,6%
Belgique	2	0,2%
Autre	5	0,5%
Total	1070	

* 5. Avez-vous une formation spécialisée en informatique ?

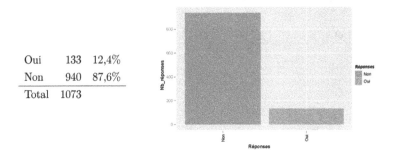

Oui	133	12,4%
Non	940	87,6%
Total	1073	

* 6. Possédez-vous un ordinateur ?

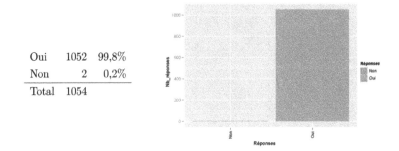

Oui	1052	99,8%
Non	2	0,2%
Total	1054	

7. Quel(s) système(s) d'exploitation ?

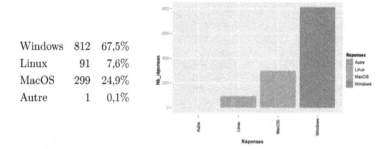

Windows	812	67,5%
Linux	91	7,6%
MacOS	299	24,9%
Autre	1	0,1%

* 8. Avez-vous un accès internet ?

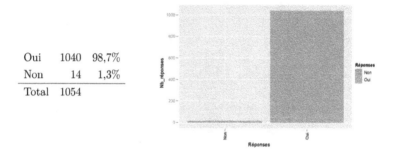

Oui	1040	98,7%
Non	14	1,3%
Total	1054	

9. Si oui, quel type de connexion ?

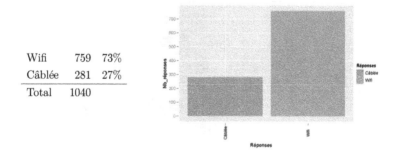

Wifi	759	73%
Câblée	281	27%
Total	1040	

* 10. Installez-vous des logiciels sur cet ordinateur (pro-grammes, jeux, ...) ?

Oui	960	91,1%
Non	94	8,9%
Total	1054	

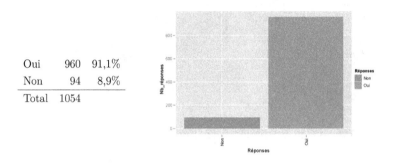

11. Si oui, lisez-vous les contrats de licence (CLUF) avant l'installation ?

Toujours	42	4,2%
Parfois	373	37,4%
Jamais	581	58,3%
Total	996	

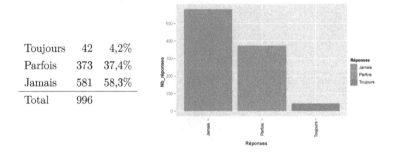

* 12. Utilisez-vous des logiciels libres ?

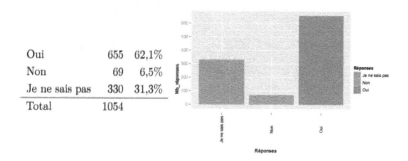

Oui	655	62,1%
Non	69	6,5%
Je ne sais pas	330	31,3%
Total	1054	

* 13. Avez-vous déjà téléchargé (download) des fichiers ?

Aucun	64	1,8%
Musique	844	24,2%
Vidéo (DVD/DivX)	628	18%
Photo	604	17,3%
Jeux	417	12%
Logiciel	740	21,2%
Livre électronique	185	5,3%
Autre	4	0,1%

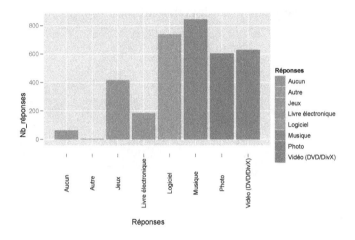

* 14. Avez-vous déjà acheté des fichiers dans des magasins onlines (iTunes, Ex Libris, Musicload, ...) ?

Aucun	615	46,5%
Musique	321	24,3%
Vidéo (DVD/DivX)	54	4,1%
Photo	28	2,1%
Jeux	142	10,7%
Logiciel	136	10,3%
Livre électronique	26	2%
Autre	0	0%

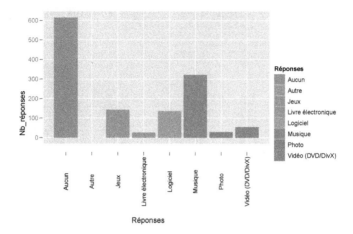

* 15. Avez-vous déjà acheté d'autres articles par Internet ? (Amazon, Ebay, Ricardo, Ebookers, ...)

Oui	819	79,1%
Non	204	19,7%
Je ne sais plus	12	1,2%
Total	1035	

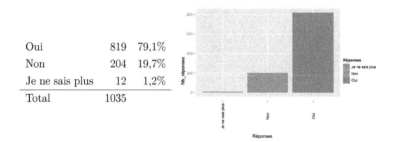

* 16. Avez-vous déjà partagé ou distribué des fichiers ?

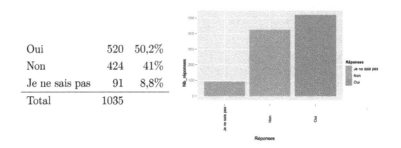

Oui	520	50,2%
Non	424	41%
Je ne sais pas	91	8,8%
Total	1035	

* 17. Comment téléchargez-vous des fichiers à contenu protégé par droits d'auteur ?

Je ne télécharge rien	242	12%
Gnutella	7	0,3%
Emule/Edonkey	225	11,2%
Limewire	328	16,3%
BitTorrent	274	13,6%
IRC	16	0,8%
UseNet	26	1,3%
RapidShare	149	7,4%
MegaUpload	333	16,5%
Streaming	371	18,4%
Autre	42	2,1%

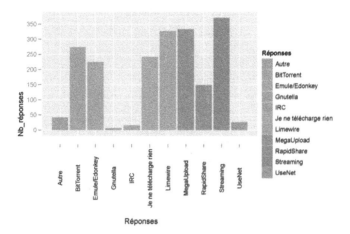

18. Utilisez-vous ou avez-vous utilisé une technique de dissimulation de votre adresse IP lors de vos téléchargements (proxy, VPN, ...) ?

Oui	97	10,3%
Non	849	89,7%
Total	946	

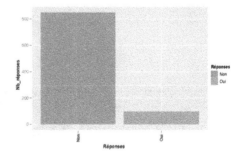

**19. Dans le futur, utiliserez-vous une technique de dissim-
ulation de votre adresse IP lors de vos téléchargements
(proxy, VPN, ...) ?**

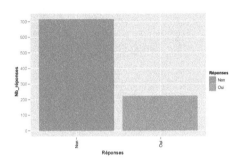

Oui	223	23,7%
Non	716	76,3%
Total	939	

**20. A titre d'estimation, quel volume de données téléchargez-
vous par mois actuellement ?**

Pour information :

1 fichier audio mp3 $\cong$ 3 Mo

1 fichier vidéo DivX $\cong$ 700 Mo

1 fichier vidéo DVD plus de 4'000 Mo (4 Go)

Rien	200	21,1%
Moins de 100 Mo	361	38%
Entre 100 et 1'000 Mo (100 Mo-1 Go)	182	19,2%
Entre 1'000 et 10'000 Mo (1-10 Go)	160	16,8%
Plus de 10'000 Mo (10 Go)	47	4,9%
Total	950	

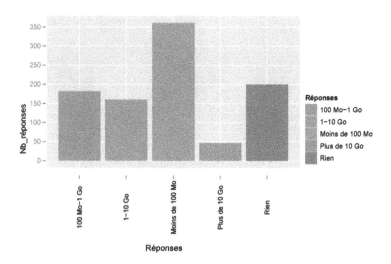

* 21. Quelles sont vos motivations à télécharger des fichiers à contenu protégé sans les acheter ?

Je ne télécharge rien	220	12,2%
Facilité d'accès	523	29%
Gratuité	618	34,3%
Amusement	101	5,6%
Braver les interdits	11	0,6%
Pas de carte de crédit	149	8,3%
Rareté des objets	154	8,5%
Autre	27	1,5%

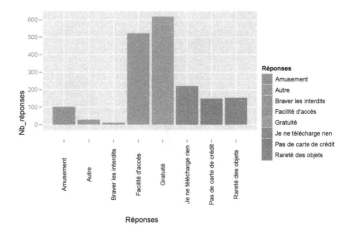

* 22. Connaissez-vous (ou pensez-vous connaître) les réglementations concernant le téléchargement ?

Oui, parfaitement	110	11,6%
Oui, un peu	636	67,3%
Non	199	21,1%
Total	945	

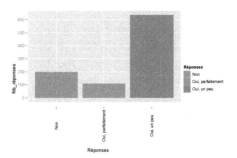

* 23. Si vous téléchargez sans payer un fichier (film, musique, jeux, logiciel, ...) protégé par droits d'auteur, vous pensez que ce que vous faites est :

Autorisé	130	13,8%
Interdit	684	72,4%
Je ne sais pas	131	13,9%
Total	945	

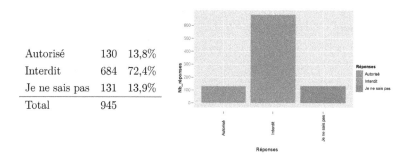

* 24. Pensez-vous courir un risque en téléchargeant des fichiers à contenu protégé par droits d'auteur (film, musique, jeux, logiciel, ...) ?

Oui	484	51,2%
Non	276	29,2%
Je ne sais pas	185	19,6%
Total	945	

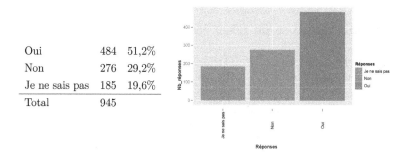

* 25. Combien seriez-vous prêt à payer pour acheter un fichier audio mp3 (en CHF/Euro)?

Rien	193	21%
Moins de 50 centimes	327	35,7%
Entre 50 centimes et 1 franc/euro	297	32,4%
Entre 1 et 2 francs/euros	98	10,7%
Plus	2	0,2%
Total	917	

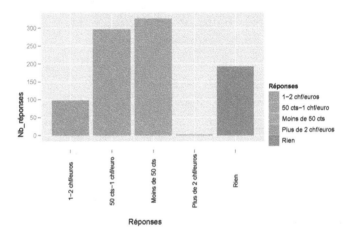

* 26. Combien seriez-vous prêt à payer pour acheter un fichier vidéo de type DVD (en CHF/Euro)?

Rien	158	17,9%
Moins de 1 franc/euro	119	13,4%
Entre 1 et 2 francs/euros	258	29,2%
Entre 2 et 5 francs/euros	321	36,3%
Plus	29	3,3%
Total	885	

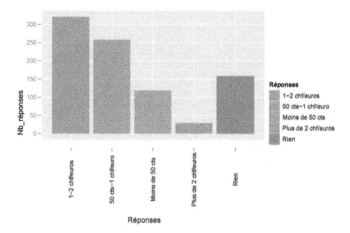

27. Avez-vous des remarques ?

Très peu de remarque se sont avérées constructive pour ce sujet, sinon elles répondaient déjà à des questions posées précédemment.

6.2 Discussion des résultats

La diffusion de ce questionnaire s'est faite à travers les listes de diffusion d'étudiants du réseau des Hautes École Spécialisées genevoises, valaisannes ainsi que ma liste personnelle de contacts. Le but était de toucher un échantillon de population le plus large possible. La restriction du public cible s'est faite par la restriction de la diffusion du sondage.

6.2.1 Partie 1 : Données personnelles

La diffusion s'étant faite principalement dans un milieu académique, l'échantillon de population est très majoritairement composé d'étudiants.

On peut observer une bonne entre les hommes et les femmes et une moyenne d'âge relativement basse, correspondant au profil d'étudiant.

Une très large majorité des répondants ne possèdent pas de formation spécialisée en informatique et réside en Suisse. Néanmoins, un nombre significatif de réponses ont été données par des personnes résidant en France et il sera intéressant de voir comment diffère la pratique du téléchargement pour cette tranche de population.

6.2.2   Partie 2 : Matériel informatique et droit d'accès

Une quasi unanimité des sondés possède un ordinateur et presque tous une connexion internet. La connexion sans fil étant accessible à tous, il est logique de voir que seul un quart utilise encore une connexion câblée.

Les systèmes d'exploitation utilisés sont à deux tiers Windows contre un quart de MacOS et moins de 10% pour les différentes distributions de Linux.

Moins de 10% sont des utilisateurs qui se contentent d'utiliser leur machine telle qu'elle est installée. Parmi les autres, une large moitié (près de 60%) avoue ne jamais lire les contrats de licence d'utilisateur final. Seul 1 personne sur 20 lit systématiquement le contrat avant de l'accepter.

Si seulement 10% des OS installé sont des versions de Linux, 62% des utilisateurs ont des logiciels libres installés, et un tiers avoue ne pas savoir.

6.2.3   Partie 3 : Consommation Internet

Presque personne n'admet avoir jamais téléchargé des fichiers, légalement ou non. Que ce soit de la musique, du logiciel, du jeu ou de la vidéo, chacun de ces types de fichiers représente environ 20% de la masse de téléchargement, avec une légère préférence pour les 2 premiers.

Quand la même question est posée en spécifiant un achat de fichier au lieu d'un simple téléchargement, environ la moitié admet n'avoir jamais acheté de musique ou de vidéo. On peut voir que le type de fichier majoritairement acheté est de la musique.

Les réponses obtenue pour la question 15, montre que 80% utilise le web comme plateforme d'achat (enchère, billet d'avion, ...).

Un des rare point connu dans la législation concernant le téléchargement est que le partage n'est pas autorisé et à déjà permis un certain nombre de condamnation. Peut-être la question concernant le partage a-t-elle été influencée par cette idée, mais il est peu probable que seulement 50% des répondants ai réellement partagé des fichiers. Probablement qu'une partie des personnes ayant répondu négativement ignore que le principe du P2P est le partage, et qu'il se fait implicitement sans en informer l'utilisateur.

6.2.4 Partie 4 : Téléchargement, techniques et motivations

Le tiers des téléchargements est fait en utilisant une plateforme P2P et un quart avec du téléchargement direct. La technique de streaming représente environ 20% et le cumule des NewsGroup et des canaux de discussion se chiffre à seulement 2%. Il est important de noté que le nombre de personne qui « ne téléchargent rien » à la question 17 est de 242, alors qu'à la question 13 ils n'étaient que 64.

L'utilisation actuelle de moyens de dissimulation de l'adresse IP (VPN, Proxy) est relativement faible soit de 10%, est ceux qui prévoient d'utiliser ce type de technique dans le futur sont plus nombreux puisque la proportion atteint presque les 25%. Ces chiffre sont valable pour l'ensemble des sondés et pour la Suisse, alors qu'en France où une législation beaucoup plus sévère est en place, le nombre d'utilisateur actuelle est de 15% et de presque 30% pour le futur. Quelque soit le pays, il existe toujours un facteur 2 entre la situation actuelle et la situation future. Bien que ce type de technique puisse paraître complexe, elle n'est pas plus pratiquée par les spécialistes en informatique que par les autres utilisateurs.

Les volumes mensuels de téléchargement sont variables mais 60% des personnes annoncent télécharger moins de 100 Mo et moins d'un quart plus de 1Go.

Les motivations qui poussent les internautes à télécharger des fichiers à contenu protégé sont diverses. Les 2 raisons majoritaire sont la gratuité et la facilité d'accès

aux ressources pour près d'un tiers chacun. Le manque de moyen spécifique au
web shopping (carte de crédit) et la rareté des objets convoités sont également des
justifications qui ressortent, mais à moins de 10% chacun.

6.2.5   Partie 5 : Réglementations et droit d'auteur

Les lois en vigueur pour tout ce qui concerne le téléchargement sont en constante
évolution. Pourtant près de 10% des réponses annoncent que le sujet est parfaitement maîtrisé. En contre partie, 20% n'en ont absolument pas connaissance.

Malgré les réponses de la question précédente, 3 personnes sur 4 savent que
télécharger illégalement un fichier à contenu protégé est interdit. Parmi le quart
restant, la moitié pense que c'est autorisé. Il reste cette fausse croyance que seul
le partage est illégal, et que l'acquisition ne l'est pas. En réalité, tous deux sont
illégaux, mais les poursuites judiciaires ne se sont produites que pour des affaires
de partage, jusqu'à présent.

Bien que l'illégalité d'acquérir des fichiers à contenu protégé est avérée, seulement
la moitié des personnes pensent courir un risque en pratiquant le téléchargement.
Aucune distinction n'apparaît entre les différents pays concernant le risque pris
par une telle situation.

6.2.6   Partie 6 : Prix et commentaires

Lorsqu'on demande quel prix chacun est prêt à payer, il ressort que 20% ne
payerait rien pour le fichier musical ou vidéo. L'étalement des réponses dépend
passablement du fait que, parmi les listes de diffusion des 7 HES de Genève, 2 sont
des école d'art : l'HEAD (Art et Design) et la HEM (Conservatoire de musique). Ce
type de question semble départager les personnes qui vivront des droits d'auteur,
des autres.

Chapitre 7

Conclusion

Le téléchargement illégal de fichier dont le contenu est protégé par droit d'auteur est une pratique courante. Malgré l'évolution des lois vers une réglementation toujours plus dure, les moyens techniques toujours plus avancés et les condamnations sensées être exemplaire, l'internaute moyen continue de télécharger.

Le droit d'auteur est déclaré par une organisation internationale, pour être appliqué au niveau national, uniquement par les états qui le souhaitent et qui investissent en conséquence.

Les industries de la musique, de la vidéo et de la plupart des média numérique annoncent des manques de bénéfice en millions, voire en milliard de francs ou de dollars, et réclament plus de lois et plus de contrôles.

La mise en place de moyens de gestion de contenu numérique s'avère assez peu concluante, et relativement limitant pour les utilisateurs dans leur droit. Ce type de solution peut même en encourager certain à passer à l'offre illégal, par facilité.

En contre partie, les techniques d'acquisition gratuites et illicites sont toujours plus nombreuses et performantes pour rester anonyme, même pour l'utilisateur lambda.

La répression mise en place semble avoir l'effet pervers d'aller à l'encore du but rechercher, comme si les investissements fait pour lutter contre le piratage servent à le favoriser.

Glossaire

ACTA Anti Counterfeiting Trade Agreement. 39

ARPANET Advanced Research Projects Agency Network. 3, 4

CERN Organisation Européenne pour la Recherche Nucléaire (Genève-Suisse). 4

CLUF Contrat de Licence Utilisateur Final. 19, 23

DADVSI Droit d'auteurs et droits voisins dans la société de l'information. 43, 44

DARPA Defense Advanced Research Projects Agency. 3

DRM Digital Rights Management. 27, 29, 43

EULA End User License Agreement. 19

FSF Free Software Foundation. 22

FTP File Transfer Protocol. 4

GPL GNU Public License. 21

HADOPI Haute Autorité pour la Diffusion des Oeuvres et la Protection des droits sur Internet. 43, 47

HTML HyperText Markup Language. 4, 6

HTTP HyperText Transfer Protocol. 4

HTTPS HTTP over SSL. 4

IFPI International Federation of the Phonographic Industry. 42, 43, 47

IMAP Internet Message Access Protocol. 4

IP Internet Protocol. 3, 35, 36

Table des figures

Liste des tableaux

Bibliographie

[1] AIDH, *Association Internet pour la promotion des droits de l'homme (Genève)*, http://www.aidh.org

[2] Bloomberg Businessweek, *Napster's High and Low Notes*, 2000, http://www.businessweek.com/2000/00_33/b3694003.htm

[3] Commission Européenne, *The Anti-Counterfeiting Trade Agreement (ACTA)*, http://ec.europa.eu/trade/creating-opportunities/trade-topics/intellectual-property/anti-counterfeiting

[4] Coopérative suisse pour les droits d'auteurs d'œuvres audiovisuelles, http://www.suissimage.ch

[5] Creative Commons, http://creativecommons.org

[6] Fabrice Schuler, *Etude et utilisation des technologies des P2P*, 2005, http://schuler.developpez.com/articles/p2p

[7] Faculté de droit de l'Université d'Ottawa, *Les systèmes juridiques dans le monde*, http://www.droitcivil.uottawa.ca/world-legal-systems/fra-monde.php

[8] Florent Latrive, *Du bon usage de la piraterie : culture libre, sciences ouvertes*, 2004, http://www.wikilivres.info/wiki/Du_bon_usage_de_la_piraterie

[9] Gabriel de Broglie, *Le droit d'auteur et l'internet*, 2006, http://www.droitsdauteur.culture.gouv.fr/rapportbroglie.pdf

[10] GNU Project, http ://www.gnu.org

[11] Indicare, *Consumer's Guide to DRM*, 2006, http://www.indicare.org/tiki-download_file.php?fileId=195

[12] Institut Fédéral de la Propriété Intellectuelle, https://www.ige.ch/fr/ droit-dauteur/droit-dauteur.html

[13] JurisPedia, *Copyright et droit d'auteur (int)*, 2008, http://fr. jurispedia.org/index.php/Copyright_et_droit_d'auteur_(int)

[14] Lawrence Lessig, *Free Culture*, 2004, http://www.free-culture.cc/ freeculture.pdf

[15] Michael Rogers and Saleem Bhatti, *How to Disappear Completely : A Survey of Private Peer-to-Peer Networks*, http://www.cs.ucl.ac.uk/staff/ mrogers/private-p2p.pdf

[16] Motion Pictures Association, www.mpaa.org

[17] OMPI, Organisation Mondiale de la Propriété Intellectuelle, http://www. wipo.int

[18] Open Source Initiative, http://www.opensource.org

[19] ProLitteris, http://www.prolitteris.ch

[20] Richard Stallman, *Vous avez dit «Propriété intellectuelle» ? Un séduisant mirage*, 2004, http://www.gnu.org/philosophy/not-ipr.fr.html

[21] Société Suisse des Auteurs, http://www.ssa.ch

[22] Suisa, http://www.suisa.ch/fr

[23] SWISSPERFORM, http://www.swissperform.ch

[24] United States copyright office, http://www.copyright.gov

[25] Wikipedia, *Peer-to-Peer*, http://en.wikipedia.org/wiki/ Peer-to-peer

[26] Le Monde, *Condamnation de Pirate Bay*, http: //www.lemonde.fr/culture/article/2009/04/21/ condamnation-de-pirate-bay-la-riposte-des-hackers_1183288_ 3246.html

www.ingramcontent.com/pod-product-compliance
Lightning Source LLC
LaVergne TN
LVHW042342060326
832902LV00006B/340